伝道シリーズ 3

# の満足

田代俊孝《たしろしゅんこう》

＊目次＊

## ✣こんなはずではなかった

ボランティアの相談員として、ときおり仲間とともに老人ホームへ行くことがあります。最近の老人ホームは、どの施設もとても素晴らしい建物と設備です。さすがに厚生省の新ゴールドプランで充実が計られ、介護保険もスタートし、いたれり尽くせりになっています。生活のための建物としては、わが家の粗末な住まいに比べ、はるかに快適です。

しかし、一歩足を踏み入れますと、そこには特有の雰囲気が漂《ただよ》い、お話をすると、たいていの人は、異口同音に「こんなはずではなかった」と言われ、愚痴《ぐち》が絶えません。そう言う人にとって、そこにいるのは仮の自分で、本当の自分は、孫に囲まれて、暖《あたた》かい家庭の中心にいる自分です。つまり、現実が受け入れられないのです。

どこか、変です。立派な建物に住み、すばらしい介護技術、援助技術をもったスタッフに囲まれ、いたれり尽くせりの介護を受けていても、不平、不満が絶えず、心が満たされないのです。一様に「こんなはずではなかった」と言い、空《むな》しい思いで、その生涯を終えていかれます。

なかには、「亡《な》くなる順番を待つ日々です」とお手紙をくださった人もいます。

何も、老人ホームだけではありません。家庭にいても同じかもしれません。いのちの充足感を得られず、不本意な生涯を終えていかねばならないのです。

残念ながら、これが日本の福祉の現実です。家庭におれば、まだしも、老人ホームの中では、当然、情報を得たり、学びをするにも限りがあります。

心の学びを勧め、積極的に外部のボランティアを入れている所など、ほんの一握りです。もともと、日本の福祉施策の中には、制度としてもその辺《あた》りがすっぽりぬけているのです。

## ⚘「延命」へのとらわれ

バブルの時代には、お金にとらわれて、「こんなはずではなかった」「こんなはずではなかった」と言って、不満ばかり言っていました。近ごろは、いのちの物差しにとらわれてそう言っています。

世の中「不景気だ、不景気だ」と言われているのですが、一方で高額な健康食品や健康器具が飛ぶように売れているという現実があるのです。そのようにして命を延《の》ばしていこうとする、そういうとらわれというのは、一面異様な気さえいたします。

かつては「お金」にとらわれていましたが、それが今日では「延命」という形でとらわれているような気がいたします。その「命」――「延命」という問題には、今日ぞっとするような状況があります。それも人間があくなき「生命延長欲」を持っており、それを充《み》たさんがためのことであります。一つ二つ申し上げてみましょう。

人間の体というものは、アデニン、シトシン、チミン、グアニンという四つの遺伝子の組み合わせによる「DNA」という設計図によって作られています。その解析《かいせき》（「ヒトゲノム解析」）によって医療は、それぞれのオーダーメイド医療になります。そして、二〇〇五年ごろには健康予報が出せるというのです。

「あなたは何歳ぐらいで肺癌《はいがん》になりますよ」とか「何歳ぐらいで糖尿病になりますよ」とか「痛風が発症するのは何歳ぐらいか」とか、皆わかるのです。

そうすると当然解析に伴《ともな》う「遺伝子診断」というのが問題になってまいります。たとえば「P53」という名前のついた遺伝子を持っている人は、将来、肺癌になるのです。幼い子どもが「ぼくは大きくなったら肺癌になるんだ、うちは肺癌の家系だから三十歳過ぎたら肺癌で死ぬんだ」とわかったらどうしますか。それに対するカウンセリングが必要となります。そして「あそこの家は肺癌の家系だから、結婚しないでおこう」ということになれば、社会的差別が起こります。

また、そうなりますと、今度は「遺伝子の組み替え」「遺伝子の操作」ということを人間は考えるわけです。そして、これらは特許《とっきょ》申請され、ビジネス化されていきます。それが「遺伝子治療」です。

受精卵の着床前診断や羊水《ようすい》検査で、その子が成長してなり得る三千種類ぐらいの病気がわかるのです。それを「出生前診断《しゅっしょうぜんしんだん》」といいます。延命のために、あるいは人間の都合によって優《すぐ》れたものは残し劣悪《れつあく》なものは排除する。そういうことを「優生主義《ゆうせいしゅぎ》」といいます。役に立つ立たないという「ものさし」だけで判断して、劣《おと》ったものを排除するのが「優生主義」です。

また臓器移植が進んできますと臓器が足りなくなります。そこで豚にヒトの遺伝子を組み込んで、ヒトと同じ体質をもった豚（「ヒトブタ」）を作り、その腎臓《じんぞう》を人に移植すると拒否反応が少ないというのです。このようにヒトと動物を合成したものをキメラといいます。実際にそういうことが進められているのです。

さらに「ヒトの凍結受精卵の胚《はい》を使用する」という問題もあります。これは、体外受精で一卵性の複数の卵を作り、その不要になった受精卵を利用しようというものです。受精卵の少し成長したものを「胚」といいますが、この「胚」というのは、全能性をもった細胞です。要するに「万能細胞」なのです。この胚をサルやネズミに植え込んでヒトの体の一部を作らせることができるというのです。

またクローン、つまり同じDNAを持った動物の複製群をつくる最終目的も、臓器のスペアを作ることにあるのです。一見よい話のようですが、それらの動物の命とは何なのかという問題をはらんでいるわけです。

あるいは、この間中米のグアテマラという国で日本人の観光客が襲《おそ》われましたが、あれは「また人さらいが来た」と言って、先住民の人たちが襲ったというのです。あそこでは臓器売買を目的として子どもたちを誘拐《ゆうかい》する事件が多発していたのです。また、中南米でもストリート・チルドレンを誘拐してその臓器を中東の大金持ちに売りさばくということが横行しているのです。ブラジルでも「心臓八万ドル・腎臓三万五千ドル」と報じた新聞記事がありました。インドやフィリピンで臓器売買がなされているので腎臓移植のツアーを組んだ会社が日本でも現われ、厚生省が自粛《じしゆく》要請をしたということがありました。

「命は長ければ長いほどいいのだ」というあくなき延命追求のために、われわれ人間はこんなことまでし始めており、ビジネスとつながり、もうブレーキが効《き》かなくなってしまっているのです。「命」を「長ければ長いほどいい」という「ものさし」で計り、われわれはその虜《とりこ》になって凝《こ》り固まってしまっているのです。

健康食品を買うぐらいは可愛いらしいことです。けれども今の先端医療などを見ていると、そこまでして延命しなければならないのかという気がします。長ければ長いほどよいという「ものさし」にとらわれて、大事な問題を見失っているような気がします。そこに社会が早く気づいて欲しいと思うのです。

## ✣役に立つ立たないというものさし

私たちの仲間のボランティアの人たちの事例カンファレンスで、あるボランティアがこんな問題を提起してくれました。

私が訪問している先の寝たきりのおばあちゃんは、いつも「死にたい、死にたい」という。はじめは周囲の注意を引くためにそう言っていると思っていたが、よく話を聞いたら「違う」というのです。

「寝たきりになってちっとも役に立たない。間に合わない。だから、早く死にたい。息子からは邪魔者《じゃまもの》扱いにされる。息子の嫁からは鬱陶《うっとう》しい目で見られる。最近は孫にまで馬鹿にされるのですよ。早く死にたい」と。

「シルバーハラスメント」（老人虐待《ぎゃくたい》）という言葉がありますが、家族がおばあちゃんを邪魔者扱いして虐待《ぎゃくたい》するのです。おばあちゃんの方でも「自分はもう役に立たない。間に合わない」と言って、自分でもこの「ものさし」を絶対視して卑下《ひげ》してしまっている。

このように、われわれは「役に立つ、立たない」という「ものさし」を自他ともに絶対視して、一種の閉じ籠《こも》った世界、自閉的世界に籠ってしまい、その中で非人間的な事柄を次から次へと起こしていってしまうのです。

ものさしをいくら伸ばしていっても落ち着ける世界には至らないのです。そこで溜《ため》息《いき》まじりに出てくる言葉は何かというと、先ほど申しましたように「こんなはずではなかった」という言葉です。

われわれが閉じ籠っている世界がそういうものであるとすれば、そこを超えていくにはどうしたらよいのか。どこで「いのちの満足」を得るのか、どうしたら「これでよかった」と言い得るのかということです。それにはやはり「仏法」との出遇《であ》いがないといけないでしょう。

## ⚜本願力にあいぬれば

それゆえ、すでに親鸞聖人が「高僧和讃」の中でおっしゃっています。

本願力《ほんがんりき》にあいぬれば
むなしくすぐるひとぞなき
功徳《くどく》の宝海《ほうかい》みちみちて
煩悩《ぼんのう》の濁水《じょくしい》へだてなし

と。われわれ自身が、まずこういった「ものさし」にとらわれて、それがすべてだと思っている現実を見つめることから始めないとだめです。人間というものは一つの「ものさし」で計れるものではないでしょう。

たとえばわれわれが子どもたちを見る時、学校の勉強が良くできるから良い子だ、できない子は悪い子だ、真ん中の子は普通の子、と決めているでしょう。ところが学校の勉強ができなくても、「絵は天才」という子もいるでしょう。あるいは学校の勉強が全然できない、絵も音楽もできない、けれども人付き合いがとても上手で友だちづくりがものすごくうまい子もいるのですよ。その子が卒業したら、自分で会社を作っていっぱしにやっている、ということもあるでしょう。何も勉強がよくできる、できないがすべてではありません。

仏さまの目から見たら無量無数の見方があるのです。それを一つの「ものさし」を絶対視しているから、そういうふうに見えてくるのです。だからこんな「ものさし」は「そらごと、たわごと」だというのです。

極端な言い方をしたら、有頂天《うちょうてん》になっておばあちゃんを邪魔者《じゃまもの》扱いしている息子に対して、おばあちゃんが「あんた、私の姿をよく見ておきなさいよ。有頂天になっているあんたも、やがてこうして老いて病んで死に逝く身なんだよ。これが人間の姿や」と言葉なくして教えているともいえるわけです。それだって大きな意味を持っているわけです。小賢《こざか》しい人間の頭で分別して決めていてもいけないのです。人は存在そのものに意味があると、こう言ってもよいのです。

現代人は、いのちまでも長いとか短いとか、役に立つとか立たないとかという「ものさし」にとらわれて、そこへはまってしまって、その中でいのちすらも自分の手でどうにでもなると思っています。まさにいのちの所有化です。「自分のいのちは自分のものである」「自分の人生は自分のものである」と皆そう思っています。

でも、考えてみれば自分の力で生まれて来たのですか？　私たちは、父があり、母があり、祖父があり、祖母があり、連綿と続くご縁の連続によっていのちをいただいたのです。自分のいのちであるというのなら、自分の思いどおりに死んで行けるはずです。しかし、思いどおりには死ねないでしょう。「死」というものは思いを超えています。「誕生」も思いを超えています。

まさに、孫悟空《そんごくう》のごとく、三界を経巡《へめぐ》り回っても仏の大きな手の中にいたのです。

絶対無限の妙《たえ》なるはたらきに生かされていたのです。その思いを超えたものを思いどおりにしようと思うから苦しまねばならないのです。「不如意《ふにょい》」なるものを「如意」と「誤想」するから、そこに苦しみが生ずるのです。

どんな死に方をしてもよし、と腹がすわったら楽です。「自分のいのち」「自分の人生」といって所有化していますが、生まれてから今日まで毎日毎日思いがけないことの連続だったのではないでしょうか。「誕生」も思いを超えたもの、「死」も思いを超えたもの、その思いを超えた大きな「用《はたら》き」の中に生かされ、支えられているわけなのです。その思いを超えた大きな「用き」を、浄土真宗では「他力」とか「本願力」といっているのです。

そこに気がついてみたら、長いとか短いとか、役に立つとか立たぬとかは、もうどうでもよくなるでしょう。思ってみても始まらないのですから。いただいたいのちをいただいたままに尽くしていけばよいのです。

七高僧の一人、インドの天親菩薩《てんじんぼさつ》の『浄土論』に、

観仏本願力《かんぶつほんがんりき》　遇無空過者《ぐむくかしゃ》

能令速満足《のうりょうそくまんぞく》　功徳大宝海《くどくだいほうかい》

（仏の本願力を観ずるに、遇《もうお》うて空《むな》しく過《す》ぐる者なし

能《よ》く速《すみ》やかに功徳の大宝海を満足せしむ）

とあります。ひとりよがりの「ものさし」にとらわれているかぎり、「こんなはずではなかった」と言いながら空しく過ぎてゆくのです。それが「本願力」―自己を超えた大きな用《はたら》きに出遇《であ》ったら、そんな「ものさし」はどうでもよくなる。何歳で死のうとも、その現実をそのまま引き受けられるのです。

その満足を曇鸞大師《どんらんだいし》は、「自体に満足する」とおっしゃっています。さらに親鸞聖人は『尊号真像銘文《そんごうしんぞうめいもん》』の中にその言葉を解釈されまして、「その身に満足せしむるなり」とおっしゃっています。「自体に」とか「その身に」とかいうのは、「ものさし」

によって比較するという話ではなくて、「自分は自分」として大きな用きに出遇ったら「寿命は、何歳でもよし」と、それを主体的に受け容れられる世界です。つまり「いのち」というのは、「思いを超えた世界」から賜《たまわ》ったものである。自分のものでなかったのだ。そういう大きな世界に立ったら、もう「ものさし」はどうでもよい。「何歳でもよし」といえる世界、それが本当の「満足」、「絶対満足」です。

## 不老長生の仙経を焼く

同じ曇鸞大師のエピソードに、

三蔵流支《さんぞうるし》授浄教《じゅじょうきょう》
焚焼仙経帰楽邦《ぼんしょうせんぎょうきらくほう》（「正信偈」）

というものがあります。これは、中国の『続高僧伝』によったものです。曇鸞大師は洛陽の都でお経の翻訳事業をしておられまして、人生五十年では足りないというので、

「不老長生の術」を学びに行き「仙経十巻」をもらって喜んで洛陽の都に帰って来ました。

　そこで菩提流支《ぼだいるし》三蔵というお坊さんに出遇《であ》い、曇鸞大師は得意になって「この世にこの大仙の法に勝《まさ》る法ありや否《いな》や」、つまり、仙術に優る法があるか否かと言いました。すると菩提流支が「地に唾《つばき》して曰《いわ》く」、軽蔑《けいべつ》して言いました。「もしもそれでわずかばかりいのちが延びたとしても、三界《さんがい》を流転《るてん》していることに変わりはないではないですか。生死の苦しみを超えたことにはならないではないですか」と言いました。すると聡明な曇鸞大師は、即座にその仙術のお経をその場で焼き払って浄土の教えに帰依した、というエピソードであります。

　その「浄土の教《おし》え」というのは、『観無量寿経』であると言われています。仙経とは、不老長生を説く道教の経典です。私はその「仙経」を「臓器移植」もしくは、いのちを見失った近代医療と置き換えたらどうかと思うのです。

臓器移植によって五年か十年、命が延びる、それはそれで意味のあることかも知れないのですが、もっと大事なことがあるのではないかと言いたいのです。われわれは「いのち」というものを一つの「ものさし」で計って所有化して、そこにはまりこんでしまっている。そういう自分が「絶対無限の自己を超えたもの」に出遇うことによって開かれていかねばならない。

ところが逆に、われわれは「仏教」というものを自分の我欲を満たす手段ぐらいにしか思っていないのです。「長生きしますように、ナンマンダブツ」というふうに誤解してしまっています。自分の欲望を満たすために仏教を利用しているのです。

本来的な仏教とは、そういうわれわれの思いを「絶対無限」（仏）に出遇うことによって破っていくもの、解放していくものなのです。本当の意味での「長生不死《ちょうせいふし》の法《ほう》」というのは、親鸞聖人が『教行信証《きょうぎょうしんしょう》』の「信の巻」で「大信心はすなわちこれ、長生不死の神方《しんぽう》、欣浄厭穢《ごんじょうえんえ》の妙術《みょうじゅつ》」とおっしゃっているように、物理的に延命するこ

郵便はがき

料金受取人払郵便

京都中央局
承　　認

3543

6 0 0 8 7 9 0

1 1 0

差出有効期間
平成27年1月
10日まで

(切手をはらずに
お出し下さい)

京都市下京区
正面通烏丸東入

**法藏館** 営業部 行

愛読者カード

本書をお買い上げいただきまして、まことにありがとうございました。
このハガキを、小社へのご意見またはご注文にご利用下さい。

お買上 **書名**

＊本書に関するご感想、ご意見をお聞かせ下さい。

＊出版してほしいテーマ・執筆者名をお聞かせ下さい。

| | | |
|---|---|---|
| お買上 書店名 | 区市町 | 書店 |

◆新刊情報はホームページで　http://www.hozokan.co.jp
◆ご注文、ご意見については　info@hozokan.co.jp

13. 7. 1. 50000

| ご氏名《ふりがな》 年齢　　歳　男・女 | |
|---|---|
| 〒□□□-□□□□ | 電話 |
| ご住所 | |
| ご職業（ご宗派） | 所属学会等 |
| ご購読の新聞・雑誌名（ＰＲ誌を含む） | |

ご希望の方に「法藏館・図書目録」をお送りいたします。
送付をご希望の方は右の□の中に✓をご記入下さい。　□

# 注 文 書

月　　日

| 書　　名 | 定　価 | 部　数 |
|---|---|---|
| | 円 | 部 |
| | 円 | 部 |
| | 円 | 部 |
| | 円 | 部 |
| | 円 | 部 |

配本は、○印を付けた方法にして下さい。

イ. **下記書店へ配本して下さい。**
（直接書店にお渡し下さい）

（書店・取次帖合印）

書店様へ＝書店帖合印を捺印の上ご投函下さい。

ロ. **直接送本して下さい。**
代金（書籍代＋送料・手数料）は、お届けの際に現金と引換えにお支払下さい。送料・手数料は、書籍代 計5,000円 未満630円、5,000円以上840円です（いずれも税込）。

＊お急ぎのご注文には電話、ＦＡＸもご利用ください。
電話 075-343-0458
FAX 075-371-0458

（個人情報は『個人情報保護法』に基づいてお取扱い致します。）

とではなくて、生死を超えていくことです。

真宗に出遇っていくということは、そういう閉じ籠《こも》った思いから解放されて、広い世界に出遇っていくということなのです。

## ✣南無阿弥陀仏とは

そこで「南無阿弥陀仏」という言葉ですが、自己を超えた無限なるものに南無する、「頭が下がる」ということです。頭が下がるのであって、「頭を下げる」のではありません。誕生も思いを超えたもの、死も思いを超えたもの、その「思いを超えたもの」に出遇った時に、自《おの》ずと頭が下がる。これが南無という言葉のいわれです。

南無阿弥陀仏という言葉ほどよく知られている言葉はありませんが、逆にこの言葉ほど誤解されている言葉もありません。どうしてこの言葉が誤解されてしまったのかというと、実はそれは『阿弥陀経』の解釈の違いによるのです。

真宗以外の宗派では、『阿弥陀経』を福徳因縁（ご利益）を求めて、一心不乱にお念仏を称《そな》えなさいよ、という経典、ご利益を求めるお念仏を説く経典であるというふうに理解します。

それは親鸞聖人の『阿弥陀経』の理解とはまったく逆の理解なのです。『阿弥陀経』という経典はそういう「罪福心《ざいふくしん》」、つまりご利益を求めようとする心を批判した経典であると親鸞聖人は理解されたのです。

『阿弥陀経』という経典も『観無量寿経』と同じように二面的に理解されています。まったく同じ『阿弥陀経』という経典なのですけれど、表から解釈すれば「ご利益を求めて一心不乱にお念仏しましょう」ということを説いた経典、裏から解釈すると「ご利益目的ではだめなのですよ。他力の信が重要なのですよ」と説いた経典だということになります。

考えてみたら福徳因縁を求めて称えるお念仏というのは、自分で利用しているお念仏です。自分の欲望を満たすためにお念仏までも利用し手段化しているのでしょう。

そういうわけで「祈《いの》りの念仏」から「仏さまのお心」をいただく念仏への転換が大切なことです。言ってみれば「南無阿弥陀仏」に対する誤解というものは、いつの時代にもあったわけで、これは親鸞聖人の時代もそうでしたし、蓮如上人の時代もそうでした。

他宗派では「南無阿弥陀仏」というのは、ご利益を求める「呪文《じゅもん》」だというふうに理解しているわけですから、そのような誤解がすでに染み込んでいるのです。それを払拭《ふっしょく》するために、親鸞聖人は天親菩薩の『浄土論』に出てくる「帰命尽十方無碍光如来《きみょうじんじっぽうむげこうにょらい》」という十字名号、あるいは曇鸞大師の『讃阿弥陀仏偈《さんあみだぶつげ》』にある「南無不可思議光如来《なむふかしぎこうにょらい》」という九字名号を持ってこられたわけです。この言葉にはそんな誤解は入っていませんから。

とくに親鸞聖人の「原始真宗教団」では、「十字名号」「九字名号」が非常によく用いられていたのです。

もちろん「南無阿弥陀仏」でいいのですが、それを言い換えることによって、それに染み込んでいる「ご利益信仰」としての意味合いを払拭《ふっしょく》しようとなさったのです。

また蓮如上人の場合も『御文《おふみ》』の中で、たとえば「南無阿弥陀仏の六字のこころは、一切衆生の報土《ほうど》に往生すべきすがたなり」（五―八）とか「南無というは帰命なり。またこれ発願回向《ほつがんえこう》の義《ぎ》なり」（五―十三他）というように善導大師の六字釈をお引きになって、そこに浄土真宗の救済のすべての原理を込めておられるのです。そして「南無阿弥陀仏の六字の心、六字のいわれを聞いていただいたら、それでいいのですよ」というふうに再三おっしゃっています。なぜかというと、やはりそのころも「南無阿弥陀仏」がご利益の呪文として誤解されていたからです。それを払拭するために『御文』であのように何回も何回もお説きになっておられるのです。

蓮如上人は『御文』において、あの時代にあって「平生業成《へいぜいごうじょう》」つまり、お念仏による平生《へいぜい》の救いを説いたのです。あのころの仏教は死後の救いばかりを説いていたのにです。その中にあって、「平生業成」と言い、「六字のいわれ」を説き、「南無阿弥陀仏」は加持祈禱《かじきとう》の呪文ではないということを、あれだけ強く言っておられます。そのことがかえって人びとにきちんと伝わって「信仰の純粋性」というものが保たれたわけでしょう。

ところが今日「信仰の純粋性」というものはどこにもない。「浄土真宗」も他の宗派も皆同じように思われている。それほど宗教感覚が鈍《にぶ》ってきています。「南無阿弥陀仏」を「ご利益の呪文」として考えるかぎり、どこまでいっても欲望を追求するための手段にしてしまっているわけです。だから求めたいものに心を奪《うば》われて、永遠に「餓鬼道」を彷徨《さまよ》うのです。

「南無阿弥陀仏」というのは、ご利益を満たしてくれる、そんな都合のよい呪文ではないのです。阿弥陀仏に南無する、自己を超えたものに出遇う。閉じ籠《こも》っているわれわれに対して自己を超えた世界があることを知らせてくれる如来の声なのです。

閉じ籠っているわれわれに対して、そういう思いを超えた広い世界があるのだ、悠々《ゆうゆう》たる世界があるのだ、長くてもよし短くてもよし、上でもよし、下でもよしという、そういう広い世界があるのだということを気づかせてくれるのがお念仏なのです。だからそこに立つことによって本当に私が開かれていくのです。それを仏教では「解《げ》脱《だつ》」というのです。「解脱」とは文字どおり「ときぬぐ」ことで、縛《しば》られた思いから、閉じ籠っている思いから、解放されていくことなのです。

## ⚜生死を見つめることが出遇いのチャンス

「正信偈」に「悉能摧破有無見《しつのうざいはうむけん》」とあります。「有無をはなれる」という言葉を言い換えれば「ものさし」を離れる、とらわれを離れるということです。その「大きな世界」に出遇うことのできるお念仏によって如来から呼びかけられていますが、残念ながら私たちにはその呼びかけが聞こえてこない、届いてこないのです。

だが、そうしたわれわれに、その広い世界、自己を超えた世界があるのだということを最もよく気づかせてくれるチャンスが、生と死の場面を見つめることだと思うのです。

誕生の場面を見つめたら不思議でしょう。赤ちゃんがどうして生まれてすぐ「オギアー」といって息をしているのでしょうか。何か自己を超えたものを感じざるを得ないでしょう。

死というのもそうです。いくら自分で思いどおりに、上手に死にたいと思っていても、死は思いがけずにやって来るのです。誕生や死という場面を見つめた時に、人間の力の限界性というものを感じざるを得ないのです。自分のこととしてこれを受けとめた時に、それが思議を超えたものを感ずる直接的な契機になるのではないかと思います。

そういう出遇いをされたケースを一つ申し上げようと思います。

## ✣他力によって生かされていた

岡山大学の英文学の教授の阿部幸子さんは『命を見つめる―進行癌の患者として―』（探究社）という手記の最後のほうでこんなことを言っておられます。

癌とは私にとって一つの新しい体験である。しばらく平和だった私の人生に激動の時が訪れたのだ。病気を持った自己自身との対決は今まで自分でも気づいていなかった秘められた心の内面を自覚させることになるかも知れないし、人生や死について深く考える時間を恵むのかも知れぬ。癌を生きる日々を通じて死はだんだん親しみ深いものに変えられていく。「もう時間が来たよ」と死に手を取られても、「君はずっと私の友達だったね」と笑みが返せそうである。死を見つめて延命を生きる日々を与えられたために、私には生の本当の意味が分かったように思われるのだ。すべての難問におのずと解決が与えられたような心境の日々になれた。

そして最後の文章に「死を前にして思うこと」と題してこんなことを書いています。

癌になる前は自分の力で生きているのだと自信過剰な私であった。人生の困難に直面しても脱出路を見出すことも出来たし、様々な状況に柔軟に対応する能力もあると思っていた。癌に直面した私は、それまでただひたすらおのれの信ずる道を歩き続けて来たが、立ち停《ど》まらざるを得なかった。まず第一に浮かんだ疑問は、これまでの人生を本当に自分だけの力で生きて来たかどうかということであった。〝他力によって生かされて来たのだ〞と。なぜ今までこんな単純な真理に目を閉じていたのだろうか。気付くのが遅すぎたと思うと同時に気付かぬまま死ぬよりよかった。やっとの思いで終バスに乗車出来たのである。

自分は何でもできる、一切が私の思い通りになる、と思っていた。ところが癌になって体がだんだんいうことをきかぬようになって初めて、「自分が自分が」と思っていた思いが破れた、そして自分を超えたものに生かされていたのだ、ということにそこで気づいておられるのです。そして、やっと本願の終バスに乗車できたと喜んでおられるのです。

このように誕生とか死という場面に出会った時に、「いずれの行もおよびがたき身」、無力な自分、「生かされている自分」が自覚されるのです。そして「自己を超えたもの」に出遇えるのでありましょう。つまり文字どおり、自己を超えた大きな手の中にいるのだという自覚です。

私たちというのは、もともと大きな手の中にいるのに、その中で長短にとらわれ、死に方にとらわれ、ああだ、こうだといって一人相撲をとって、その「ものさし」にはまって一人苦しんでいるのです。

## ⚘これでよかった

清沢満之《きよざわまんし》の「我が信念」の最後にこんな一節があります。

如来の能力は無限である。如来の能力は無上である。如来の能力は一切の場合に遍満《へんまん》してある。如来の能力は十方にわたりて、自由自在、無障無碍《むしょうむげ》に活動し給う。私は此の如来の威神力に寄托して、大安楽と大平穏とを得ることである。私は私の死生《しせい》の大事を此の如来に寄托して、少しも不安や不平を感ずることがない。「死生命あり、富貴天にあり」ということがある。私の信ずる如来は、此の天と命との根本本体である。

と。つまり「これでよかった」というのです。

また、『精神界』所収の「真正の独立」という一文には、

生死は固《もと》より、これ物化の自然法、我が精神は快く此の自然法に従ひて満足する

と云ふ決着に至るのである。

とも言われています。絶対無限・阿弥陀・「本願力にあいぬれば」、つまり、自己を超えたものに身をゆだねたら、もはやそこでは「ものさし」というものは何の意味も持たない。長くてもよし、短くてもよし、そのまんまで大安慰と大平穏を得て、何の不平不満もないというのです。「絶対満足」の世界です。

かつて金沢の大谷派のご住職で金沢美大の教授をされていた、画家の高光一也先生の画文集をもとに本を出させていただいたことがあります。その本のタイトルをどうしましょうかと先生に尋ねたら、高光先生は「これでよかった」というタイトルにしてほしいとおっしゃるのです。まだ若かった私には、その意味を十分理解することができなかったのですが、最近このような生と死の問題に関わるようになり、今になってやっと、ほんの少しだけわかって来たような気がします。

私たちが本当に「これでよかった」と、人生のどこで言えるのか。「こんなはずではなかった」と言って亡くなる順番を待つ日々を過ごしていくのか、「これでよかった」と言ってそれをそのまま受けとめて行く、そういう人生を送るのか。そこに仏法の学びというものが大きな意味を持ってくるのではないでしょうか。

アメリカの小学校のデス・エデュケーションの指導要領の「教育目標」の一つに、死はいつでも納得できるものではないし、公平にやってくるものでもない。それでも人生は満足できるし、幸せに送ることができる。そういうことを理解すること。（田代俊孝著『仏教とビハーラ運動―死生学入門―』）

とありました。

改めて、

本願力にあいぬれば
むなしくすぐる人ぞなき

「遇無空過者」のお言葉がいただけるような気がします。

田代俊孝（たしろ　しゅんこう）
1952年滋賀県に生まれる。大谷大学大学院博士後期課程満期退学。同朋大学助教授、カリフォルニア州立大学客員研究員を経て、現在、同朋大学教授。名古屋大学医学部・大谷大学非常勤講師。名古屋大学医学部倫理委員。「死そして生を考える研究会」代表。博士（文学）。
著書に『広い世界を求めて――登校拒否の心をひらいた歎異抄』（毎日新聞社）『親鸞の生と死――デス･エデュケーションの立場から』『悲しみからの仏教入門』［正・続］『仏教とビハーラ運動――死生学入門』『ビハーラ往生のすすめ』（法藏館）など。編著に『講座いのちの教育』シリーズ全3巻（法藏館）など。

いのちの満足
伝道シリーズ3

2001年4月8日　初版第1刷発行
2014年1月30日　初版第7刷発行

著者――田代俊孝
発行者――西村明高
発行所――株式会社法藏館
〒600-8153
京都市下京区正面通烏丸東入
電話　075-343-5656
振替　01070-3-2743

印刷・製本――リコーアート

乱丁・落丁本の場合はお取り替え致します
ISBN978-4-8318-2163-8　C0015